NOTE SUR LA DISPARITION DU NOIR DANS LA SPHÈRE OCCIDENTALE ET SUR LA POLITIQUE DE SUDISATION DE L'EUROPE.

VKY

Le mal-être des femmes noires de la
sphère occidentale est la conséquence
directe de l'exaltation de la femme
métisse. Il ne s'agit pas là de renier nos
racines ou nos identités diverses mais de
reconnaître que l'inclusion des femmes
métisses comme fondation de la négritude
pure est à la fois une erreur et la source de
confusions nombreuses.

Dans l'espace des rejetées, nous
n'expérimentons pas les mêmes douleurs.
Certaines trouvent souvent leur privilège
au sein même de l'oppression.

Une hiérarchie existe. Entre nous. Loin du
Blanc. Dans l'ombre de nous mêmes.

Il y a les femmes noires et les autres. Les diluées, les métissées, les 50-50, les 1/4, les 1/8 et les dominantes blanches.

Par protection, nous avons commis l'erreur de nous affubler, de nous recouvrir du même sort, bien que nous ne soyons pas les mêmes. La revendication excessive de la négritude est perçue comme une réaction directe à la folie du colorisme et du racisme que nous perpétuons. Elle est un fourre-tout de sentiments et un bouclier dissimulateur de nos véritables intentions.

De la dynamique politique du Métis occidental

Les Métis ne sont pas des Noirs. Pourtant, ces derniers se retrouvent prisonniers d'une négritude subie et imposée par les Blancs et les Noirs. L'esclavage a marqué la chute de la puissance du Nègre, le plaçant au bas de l'échelle de toutes les sociétés. Qu'elles soient indienne, américaine, européenne ou océanique, le Noir est écrasé et sa couleur est perçue comme l'extension du malheur, de la malchance, de la saleté, de la laideur et de la pauvreté. À cette perte identitaire s'ajoute l'exploitation culturelle et économique du continent africain.

L'histoire a donc fait du Nègre un maudit ambulant.

Cette brutalité est le fruit d'une dysfonction mentale et sociale encore présente au sein de la communauté que les membres tentent d'occulter. Et c'est dans ce schéma néfaste que la force du Métis prend toute sa source. En l'occurence, le système pyramidal sur lequel le dominateur blanc a établi les bases de notre société occidentale scelle le sort du Nègre, pris au piège et demeurant au plus bas.

Si le Métis est tout autant méprisé par le Blanc en raison de son héritage négroïde, il est à la fois un allié potentiel de ce dernier, le dieu mais aussi l'ennemi du Nègre.

Nous avons assisté à plusieurs cas d'injustices policières aux États-Unis ou en France au cours des dix dernières années. La violence commise à l'encontre des hommes et femmes de la communauté noire ne date pas d'hier mais elle choque davantage et captive notre attention en raison de l'époque dans laquelle nous vivons.

Depuis l'éléction de Barack Obama en 2008, le monde occidental a basculé dans une sphère post-raciale qui s'oppose à la brutalité de l'héritage ségregationiste et colonial des rapports politiques entre dominants et minorités. Il ne s'agit pas de dire que le racisme a disparu dès lors que les bavures policières perdurent, mais nos sociétés occidentales, par souci économique, n'ont d'autres choix que d'ouvrir et d'adapter leurs fondations aux thématiques des minorités dans un spectre de suprématie blanche. Puisque les Noirs sont de grands consommateurs, nous assistons donc à une sudisation de l'Europe.La récente union matrimoniale royale entre le Prince Harry et la duchesse Meghan Markle illustre notre point.

Il aurait été inenvisageable durant les années 1970 ou 1980 d'accepter une telle union tant le protectionisme était primordial, en raison du respect des lois et de la structure de l'État-Nation.

Toutefois, le phénomène mondialiste et cosmopolite s'est accentué grâce à l'éléction de Barack Obama et de la nouvelle place qu'occupent les nouvelles technologies et notamment Internet. Cette révolution numérique permet à l'individu lambda de s'immiscer dans la vie la plus intime des conservateurs, les jugeant en fonction de leurs promesses et inactions.

La famille royale britannique n'en est pas exemptée. À l'ère de la domination de l'image, elle se doit de démontrer une faveur approbatrice face à la nouvelle génération. Puisque l'Europe de l'ouest s'est construite sur le fil de la modernité, elle se voit dans l'obligation de reconnaître ses minorités. Or, le dirigeant politique occidental n'adapte pas sa manière d'agir par amour ou bon coeur mais par stratégie. Il désire avoir un contrôle sur sa minorité. En ce sens, s'il l'accepte dans son cercle, celle-ci ne peut s'introduire auprès des siens avec un trop grand bagage.

La minorité est une version allégée et diluée de sa lignée originelle. Meghan Markle n'est donc pas le symbole d'une progression sociale pour la famille anglaise, mais la manifestation d'une identité nègre épurée calquée sur le visuel blanc. Ainsi, pour qu'une minorité soit accueillie par les autorités, elle doit se modifier et se renier. Le pouvoir britannique a donc choisi une jeune femme métisse, à la peau très blanche et aux traits négroïdes camouflés.

Les dirigeants européens se trouvent incapables de contenir ou combattre le monstre historique qu'ils ont façonné par le passé. Ils préfèrent donc anticiper la venue d'une grande révolte. Là, ils trouvent leurs intérêts dans l'exploitation du Métis. Celui-ci a deux visions et donc deux tares. En tant que demi noir, il souffre à l'idée de ne pas être reconnu par les Blancs. Cette douleur n'est pas uniquement causée par le facteur de la couleur de la peau mais s'explique par celui de la puissance économique, de la domination. Le Blanc a su associer sa couleur à la supériorité, donc au pouvoir.

Ainsi, par sa part noire, le Métis est victime d'une grande frustration car assis aux portes de la reconnaissance, de la suprématie. Il ne peut s'assoir à la table des puissants car son héritage noir, souvent très visible le bloque et le frustre.

L'homme blanc en tant qu'entité de pouvoir est un conservateur individualiste mais malgré tout désireux de protéger les biens de son rang. Il se doit de préserver le pouvoir et ne le partagera pas avec une minorité, à moins qu'il y trouve un avantage. Dans sa conception racialiste, le métissage représente un échec, la faille d'un individu ayant été incapable de garder sa lignée et le Métis en est le fruit. Celui-ci sera élevé quand les intérêts du Blanc seront impliqués et aussitôt rejeté en cas d'échec.

Donc, face à cette exclusion injuste, le Métis peut prendre conscience et se rallier à la cause des Noirs dont il voulait se distancer autrefois, la couleur de ces derniers étant associée à l'échec, à la pauvreté et la faiblesse. Si la colère du Noir prend souvent source dans le sentiment d'injustice dont il fut victime tout au long de son existence, celle du Métis est dissimulée. Il exprime sa colère à l'idée d'avoir été humilié par le Blanc après une tentative d'assimilation. Un Métis sincère dans sa démarche et juste dans son esprit ne rejette aucun des deux partis pour plaire à l'autre et se focalise sur l'aspect de la justice.

Ces dysfonctions cependant n'existeraient pas si les Noirs ne cherchaient pas à reconnaître les Métis comme les leurs. En raison des siècles de déshumanisation, les

Noirs de l'espace occidental sont desespérés, exaspérés, ayant perdu tout sens de la dignité. Ils désirent être reconnus et s'attachent à des bribes d'approbation.

Le Noir a été arraché à son identité au fil du temps et exclu du centre de la vie du Blanc en tant qu'entité. Pourtant, il est la fondation artistique et donc intellectuelle de l'occident, responsable de nombreux mouvements musicaux et politiques sans lesquels les Occidentaux ne pourraient se vanter de leur valeur. Toutefois, la présence du Noir dérange. Ses traits sont jugés bien trop prononcés, sa peau bien trop foncée. Le Nègre est l'individu de trop que le Blanc aime exploiter, en raison de son talent, tout en le punissant par l'exclusion. La violence coloniale a traumatisé le Noir qui refuse de faire face à lui-même. Il cherche à fuir sa propre condition en se dissociant de sa propre personne, convaincu d'être atteint d'une anomalie qui le maintiendrait au bas de l'échelle. Le Nègre pense être une tare par essence et omet de tenir le contexte colonial comme responsable de sa terrible condition. Il est dépourvu de toute anomalie et n'est ni diforme ni hideux. Inconscient de sa force, ce dernier est envié par les Blancs et les Métis par la démonstration de facultés extraordinaires.

La vision erronée, le Noir pense qu'il doit s'effacer afin de s'adapter aux improbables critères de la Suprématie Blanche. Il donne et se dépense davantage pour trouver réconfort, ignorant que sa vision de lui-même est un mensonge, le fruit d'une manipulation, l'histoire l'ayant rendu bien trop aveugle. Sa guérison se trouve dans le réapprentissage de la possession de ses facultés, sans le regard étranger et qu'il soit approbateur ou non.

Dans la sphère occidentale, le Blanc dominant est le gardien de nombreux secrets. Il est un protecteur de son héritage. Le Noir quant à lui est un livre ouvert, émotionnel et embrassant les étrangers de son entourage à bras ouverts.

Il reçoit, accueille et trouve un ami en chaque main tendue. En se sens, il est le premier à reconnaître le Métis comme son extension bien que celui-ci appartienne à un autre groupe social au sein de la sphère suprémaciste occidentale.

Dans sa maladie laissée par le colonialisme, le Nègre transpose l'entièreté de son être à travers le Métis qui possède les attributs dont il est privé.

Il croit à tort que cet assemblage est la clé vers l'acceptation. On assiste alors à une improbable chaîne à la dynamique néfaste s'organisant autour des trois groupes précedemment cités:

1/ Le Nègre possède la puissance que le Blanc n'a pas. Si ce dernier est un dominateur militaire et économique, il est dépourvu des talents innés du premier.

2/Le Nègre quant à lui cherche la reconnaissance à travers le Métis afin de susciter l'intérêt du Blanc, en quête d'une simple approbation et désireux de se sentir exister.

3/Le Métis est le plus opportuniste puisqu'il cherche le pouvoir du Blanc dont il est privé en raison de sa part noire. Il peut donc être dépourvu de scrupules en jouant de ses avantages dans les deux camps pour parvenir à l'accomplissement de ses schémas politiques.

Le Métis est donc dans l'obligation d'évoluer aux côtés du Noir qu'il exploite bien plus que le Blanc. Si le Blanc veut s'approprier les attributs du Nègre, il se verra freiné par la différence de couleur. Il devra donc se focaliser sur le Métis, le parfait mélange des deux. Mais le Mûlatre, conscient de la souffrance mentale du Nègre sait jouer de ses facultés physiques pour le charmer, le manipuler et l'exploiter à son gré. Il n'hésitera pas à le maintenir dans l'exclusion au même titre que le Blanc, devenant ainsi la seule représentation de la négritude acceptable dans la sphère occidentale. Il jouira donc du pouvoir dont il aura tant rêvé par la faute du Nègre qui embrasse le Métis comme son extension complète et permettant à ce dernier d'accéder au plus haut des rangs.

L'exemple le plus flagrant de ces quinze dernières années reste celui de l'élan d'affirmation de soi *NAPPY*. Il naît pendant la décennie 60 durant le soulèvement pour les Droits Civiques et voit une nouvelle vague exploser au début des années 2000. Destiné aux femmes noires à la carnation foncée et aux traits négroïdes, le *NAPPY HAIR movement* est l'une des premières actions anti-coloniales du XXIème siècle visant à combattre la violence pscychologique causée par l'esclavage et le colonialisme.

Les femmes noires veulent aider leur communauté à briser avec la dissociation psychique en clâmant, se réappropriant ce qui leur fut dérobé. Les attributs autrefois jugés laids sont portés au sommet.
À cette période, les jeunes femmes se heurtent à l'expansion des perruques et des tissages comme symbole de beauté. Le monde de la musique écarte les chanteuses noires pour des métisses à la physionomie bien plus eurocentrée. Les modèles de beauté sont toujours bien plus clairs. La mort de la chanteuse Aaliyah en 2001 et l'explosion de la musique latine poussent les producteurs à favoriser l'ambiguïté raciale au détriment de la négritude pure.

Ainsi, le message *NAPPY* sonne comme bien trop extrêmiste accentuant le rejet du statut des femmes noires aux cheveux naturels, leurs caractéristiques ne correspondant pas aux nouveaux critères métis promus. Les hommes noirs voient en ce retour au naturel une valeur esthétique qu'ils ne parviennent pas à assumer, estimant les traits eurocentristes bien plus féminins.

Les femmes métisses ont donc bénéficié du travail des femmes noires sans dénoncer la tournure tragique du mouvement qui fut blanchi au profit des mélangées. Ce qui était destiné aux femmes noires pures déjà marginalisées sera injustement repris par leurs

consoeurs métisses à la fin des années 2000 et tout au long de la décennie 2010.
Les femmes noires ont commis l'erreur d'adopter les femmes métisses au sein de leur structure les mettant sur le même pied d'égalité afin d'étendre la discussion au plus grand nombre.

En effet, les Métisses sont elles aussi bénies des particularités que possèdent les femmes noires mais jouent de leurs privilèges, conscientes de leur supériorité dans le schéma raciste occidental. En les reconnaissant comme des femmes noires à part entière, les membres du mouvement NAPPY ignorent les différentes caractéristiques entre les deux partis.

Cet aveuglement voulu est l'une des causes perpétuant les mentalités coloristes. Le cheveu crépu d'une Noire pure ne peut être comparé à celui d'une Métisse, car dans l'univers du racisme, cette dernière s'en sortira toujours plus que la première en raison de ses traits et de sa couleur de peau. Par ces deux facteurs elle peut se targuer d'exister mais aussi de trôner parmi les Noirs.

Les femmes noires ont donc été peu à peu remplacées par leurs consoeurs et sont devenues les témoins privilégiées de la disparition de leurs produits et de leurs créations.

Qu'il s'agisse de relations amoureuses ou de politique, la Métisse tient une relation ambiguë avec la femme et l'homme noir. Il lui faut garder une position supérieure, quitte à recevoir les pires formes de validation. Cette dernière a laissé le colonialisme la sexualiser et puise sa force dans les rapports intimes troubles, toujours dans les bras de l'homme noir le plus foncé. Toutefois, sa nocivité est aussi politique. Les crises sociales liées aux bavures policières des dernières années laissent place à l'avènement d'une nouvelle génération de rebelles virtuels. Un Métis peut faire preuve de sincérité dans sa démarche quant à la défense des Noirs s'il est équilibré. Mais s'il est dépourvu de sens critique, alors le schéma de quête d'élévation sociale s'appliquera au même titre que les autres. Le Nègre trouve l'exaltation dans l'exubérance d'un Métis pro-Noir. Puisqu'il aime se projeter à travers son regard, ce dernier est l'accomplissement de ses désirs les plus profonds. Une délicieuse fantaisie.

Le Nègre se réjouit face à ce sang-mêlé révolté qui, par courage, rejette son privilège niant sa part de blancheur pour le bénir de sa reconnaissance. Peu importe les mauvaises actions commises par le Métis, il trouvera toujours son salut et le pardon auprès des Noirs. Le Métis pro-Noir fait preuve d'une attitude parfois inacceptable lorsqu'il se permet de juger les traumatismes du Noir en ayant conscience qu'il jouit lui-même de privilèges. Il n'est pas rare de voir des militantes métisses renier leur héritage non noir, pourtant présent, attaquer les femmes noires pures car porteuses de perruques. Arrogante, la mélangée méprise l'expérience de la plus foncée et adopte une attitude paternaliste.

Du monde de l'art

Le monde de l'industrie musical est devenu le terrain des femmes métisses avec l'approbation des dames pures. L'effet Obama et le désir de sudisation de l'Europe a affirmé leur place, malgré un effacement progressif de la femme noire.

La métisse et la noire corrompue sont devenues l'incarnation de toutes les objectifications coloniales et sexuelles, causes de nombreux fantasmes du colon blanc autrefois. Elle symbolise dans les arts une femme vénale, porteuse de mauvaises valeurs, exotique et ultra-sexuelle, rompant avec l'héritage construit par les femmes noires à la peau bien plus foncée. Lauryn Hill, Nina Simone, Anita Baker ou Aretha Franklin sont donc échangées au profit de la culture du vide. Les nouvelles Jezabel -Beyoncé, Nicki Minaj ou Cardi B- de l'industrie reproduisent une version édulcorée de la profondeur artistique laissée par les artistes noires du passé. En vérité, plus la peau des artistes blanchit et moins l'art en est profond.

Puisque le Nègre est si bas dans la sphère, toute réussite est un événement. Son esprit en est biaisé et il peine à aller au-delà du facteur couleur. Aujourd'hui l'argent est devenu le signe majeur d'un grand accomplissement dans la communauté noire, et dans ce sens, il ne sait pas faire la distinction entre les motivations d'une célébrité noire en quête de succès et la transmission des bonnes moeurs, nécessaire à l'élévation de l'esprit. Le libéralisme a fait de lui un grand obsédé du capitalisme sauvage, bien que cela le détruise. Ainsi, si la "sudisation" s'accompagne de la plus grande forme d'expression de la suprématie blanche, il se traduit aussi par la mise au pouvoir de Noirs corrompus ayant sacrifié les leurs pour la richesse. Ceux-ci seront acclamés par une communauté habituée aux miettes qui fermera les yeux sur les horreurs commises par leurs nouvelles idoles.

Dans cet effet, on remarque alors que le Noir occidental est devenu le miroir de l'homme blanc. Si la domination ouest européenne se révèle par la puissance économique, l'avènement du mondialisme marque une chute dans la culture, et c'est dans la consolidation du capitalisme sauvage que le Blanc et le Noir trouvent leur point d'accord. Les deux catégories sont à présent déracinées et ont pour identité culturelle, la consommation de masse.

L'ancienne entité coloniale a donc été prise à son propre piège en ayant démontré son incapacité à protéger ses traditions jugées obsolètes qu'elle tenta d'imposer aux Africains un siècle plus tôt.

L'homme blanc occidental est désormais dépourvu de toute culture, le consumérisme de masse étant devenu son identité au même titre que les immigrés noirs. Ils sont tous deux, au XXIème siècle, les produits d'un mode de vie américanisé. Dans cette folie économique, le statut du Blanc commence peu à peu à faiblir pendant que le Noir disparaît, par la propagande du métissage.

Puisqu'il n'a aucune estime de lui-même, le Noir considère le mélange comme une forme d'approbation d'une société dans laquelle il désire s'intégrer. Un bon Nègre est diluable, si non, il représente un danger. L'Européen se dépouille de sa culture mais garde malgré tout des mécanismes d'être dominant qu'il met en action lorsqu'il protège ses intérêts économiques.

L'évolution occidentale a quant à elle démontré que le Nègre rêve et ne se protège pas. Déraciné, il n'a pas conscience de s'évanouir dans son propre espace. Pis encore, il ne craint pas de disparaître.